ÉCLAIREURS A CHEVAL

DE LA SEINE

—

ARCHIVES

ÉCLAIREURS A CHEVAL

DE LA SEINE

—

ESCADRON FRANCHETTI

—wwm—

ARCHIVES

1870-1871

— —wwv— —

PARIS

IMPRIMERIE DE GEORGES KUGELMANN

13, rue du Helder, 13.

—

1871

—

' ORDRE

—

Le commandant Franchetti est requis d'envoyer ses cavaliers à l'Hôtel-de-Ville dégarni de troupes, et d'y laisser un piquet en permanence.

Signé : PELLETAN.

Reconnaissance à Saint-Germain et Pontoise.
Rapport au général Schmitz.

—

Mon Général,

L'escadron, parti de Paris à sept heures du matin, a battu la presqu'île de Gennevilliers et a fait halte à Argenteuil ; il a ensuite exploré les bois de Chanteloup, les pays de Sartrouville et Houilles. Partout nous avons trouvé la population affolée de terreur; dans quelques localités des individus ont usurpé l'autorité municipale et en abusent plus ou moins.

Notre visite a paru causer une vive satisfaction aux paysans, qui ne voient plus de troupes et n'ont plus d'autorités locales. Partout on nous a signalé des uhlans à l'horizon, avec une bonne foi vraiment curieuse. Quant aux préparatifs de défense, ils sont nuls, et consistent presque partout en dégradations plus nuisibles qu'utiles.

L'escadron a couché à Maisons, et le lendemain, nous avons battu la forêt de Saint-Germain. En arrivant à Herblay, des fuyards nous ont annoncé la présence des Prussiens à Pontoise ; nous nous sommes dirigés aussitôt vers cette localité et nous avons reconnu que la nouvelle était fausse.

Nous sommes rentrés par les hauteurs de Sannois et de Cormeil. A deux kilomètres de Bezons, des détonations successives nous ont appris que les ponts de Maisons et de Bougival sautaient. Nous avons aussitôt détaché des cavaliers sur le pont de Bezons pour prévenir de notre rentrée. Nos hommes sont arrivés au moment où on se préparait à faire sauter le pont. Le commandant du poste nous a affirmé qu'un parti de uhlans se trouvait dans le village de Sannois, que les Prussiens s'avançaient, et qu'il allait faire sauter le pont. Nous savions à quoi nous en tenir sur la présence des Prussiens, mais nous n'avons pu convaincre cet officier; nous avons consenti toutefois à faire une reconnaissance sur Sannois pour éclaircir ses doutes, et nos cavaliers ont battu au galop les pentes de Sannois, sans rien trouver, bien entendu.

Le commandant prétend que deux individus, porteurs d'un ordre du Préfet de police, ont passé en voiture à tous les ponts pour donner l'ordre de les faire sauter. Nous avons rencontré, quelques instants après, un officier courant aux ponts pour empêcher de les faire sauter, et ayant mission d'arrêter les porteurs de cet ordre apocryphe.

Signé : FRANCHETTI.

LE

GOUVERNEUR DE PARIS   14 septembre 1871.

Cabine'.

—

ORDRE

—

Le commandant Franchetti sortira par la
porte de Charenton avec son escadron d'éclaireurs, passera à Créteil, et poussera jusqu'à
Boissy-Saint-Léger : là, il avancera avec pru-
dence et cherchera à reconnaître la présence
des éclaireurs ennemis.

P. O. *Le général, chef d'état-major général,*

SCHMITZ.

Mon Général,

En sortant de Maisons-Alfort, des paysans m'ont prévenu que les avant-gardes ennemies étaient à quelques pas, au carré de Pompadour. Mon avant-garde, de cinq cavaliers, a rencontré une troupe de huit hussards bleus, les a chargés et fait tourner bride. A ce moment d'autres cavaliers prussiens sont arrivés; un combat s'est engagé; deux de mes cavaliers ont été démontés, un autre, M. de Kergariou, a été sabré, et mon adjudant, M. de Marval, après avoir eu son cheval tué, est resté évanoui dans un fossé. J'ai été relever nos blessés, et j'ai dû me hâter, car l'avant-garde de l'armée prussienne paraissait et j'ai été forcé de battre en retraite sous le feu de l'ennemi, en emportant les blessés en croupe.

J'ai rapporté les armes des trois cavaliers ennemis que nous avons tués.

Je crois pouvoir affirmer qu'un corps considérable venant de Villeneuve-Saint-Georges marche sur Choisy-le-Roi et sur Châtillon.

Signé : Franchetti.

14ᵉ **CORPS** 17 septembre 1870.
Etat major général.

—

ORDRE

—

L'escadron Franchetti est incorporé dans le 14ᵉ corps, sous les ordres du général Ducrot. Il aura pour mission d'opérer en avant des grand'gardes de l'armée et de surveiller les mouvements de l'ennemi.

P. O. *Le général, chef d'état-major général,*

APPERT.

19 septembre 1870.

Rapport au général Ducrot.

—

Mon Général,

Suivant vos ordres j'ai battu aujourd'hui la presqu'île de Gennevilliers, où je n'ai trouvé aucune trace de Prussiens. Partout les redoutes et les ouvrages sont déserts et sans troupes; les villages sont abandonnés. Sur l'autre rive Bezons est rempli de Prussiens. J'ai pu, en dissimulant mes cavaliers derrière les maisons, surprendre une troupe ennemie groupée sur l'autre rive, et lui faire subir un feu meurtrier. En revenant le soir par le village de Colombes, le poste qui garde la barricade m'a salué d'une décharge sans crier « Qui vive! » et a immédiatement abandonné son poste; je n'ai pu rattraper les fuyards qu'au pont de Neuilly.

Le rond-point de Courbevoie est faiblement gardé, et nos sentinelles avancées ne se tiennent qu'à une distance de cent mètres. Cependant Nanterre n'est point occupé par les Prussiens qu'on ne voit qu'à Rueil.

Le peloton que j'avais laissé dans ces parages, en rentrant a été fait prisonnier par la gendarmerie et pris pour des uhlans. La raison donnée est certes flatteuse, car l'officier affirmait qu'il n'y avait pas dans l'armée française de cavalerie aussi bien montée.

Signé : FRANCHETTI.

14ᵉ CORPS   27 septembre 1870.
Etat major général.

—

ORDRE

—

L'escadron Franchetti fournira chaque matin un peloton qui prendra les ordres du général Ducrot à la Porte-Maillot et opérera une reconnaissance sur les points qui lui seront désignés.

P. O. *Le général, chef d'état-major général,*

APPERT.

30 septembre 1870, 4 h. après-midi.

NOTE ENVOYÉE

—

J'ai pénétré à pied, seul, dans le fort de Montretout. Il n'y a personne. Il y a un petit poste tout près, mais peu nombreux.

FRANCHETTI.

14ᵉ CORPS

Etat-major général.

2 octobre 1870.

ORDRE

MM. les Maires des communes avoisinant Paris, rentrés dans l'enceinte, et messieurs les gardes nationaux de la banlieue sont invités à fournir à M. le commandant Franchetti des éclaireurs à cheval, tout les renseignements dont il a besoin pour faire son service, et à mettre à sa disposition tous les hommes qui connaissent le pays et qui peuvent le guider et l'aider dans l'accomplissement de l'importante mission qui lui est confiée.

Le général en chef,

P. O. *Le général, chef d'état-major général,*

APPERT.

Extrait du rapport militaire du général Ducrot, en date du 8 octobre 1870, au Journal Officiel.

—

. . . .

Les éclaireurs à cheval, sous les ordres du commandant Franchetti, nous ont prêté leur concours avec leur entrain et leur intelligence habituels.

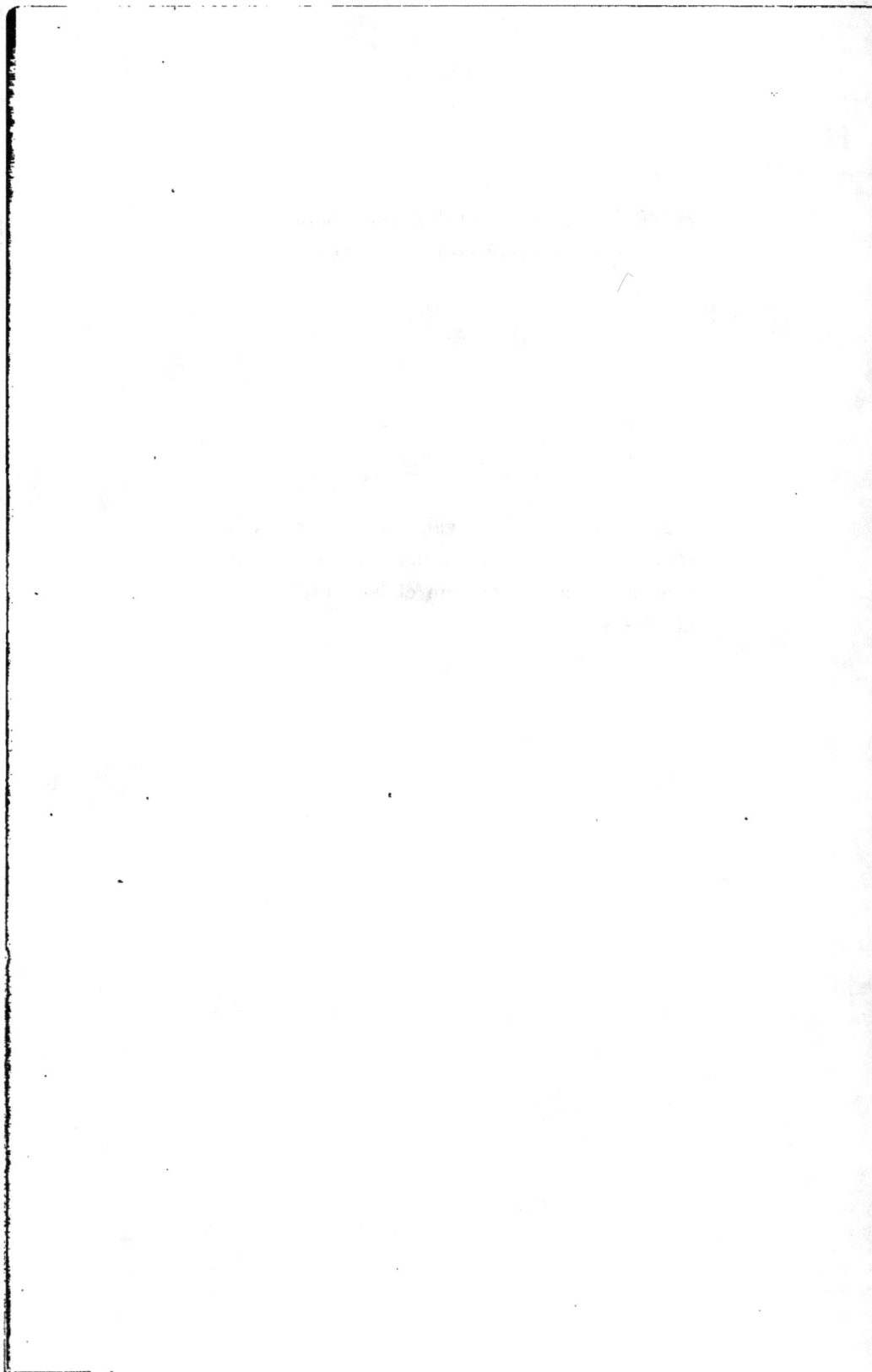

*Extrait d'une lettre du général Le Flô, ministre de la
guerre, en date du 7 octobre 1870.*

—

COMMANDANT,

J'ai reçu votre lettre et j'ai examiné avec la
plus sérieuse attention les diverses demandes
que vous m'avez adressées.

En principe le pantalon rouge est exclusive-
ment réservé aux troupes régulières, mais en
raison des services particuliers rendus par l'escadron des éclaireurs à cheval de la Seine, je
consens à l'autoriser, par exception, à adopter
ce pantalon.

Le ministre de la guerre,

GÉNÉRAL LE FLÔ.

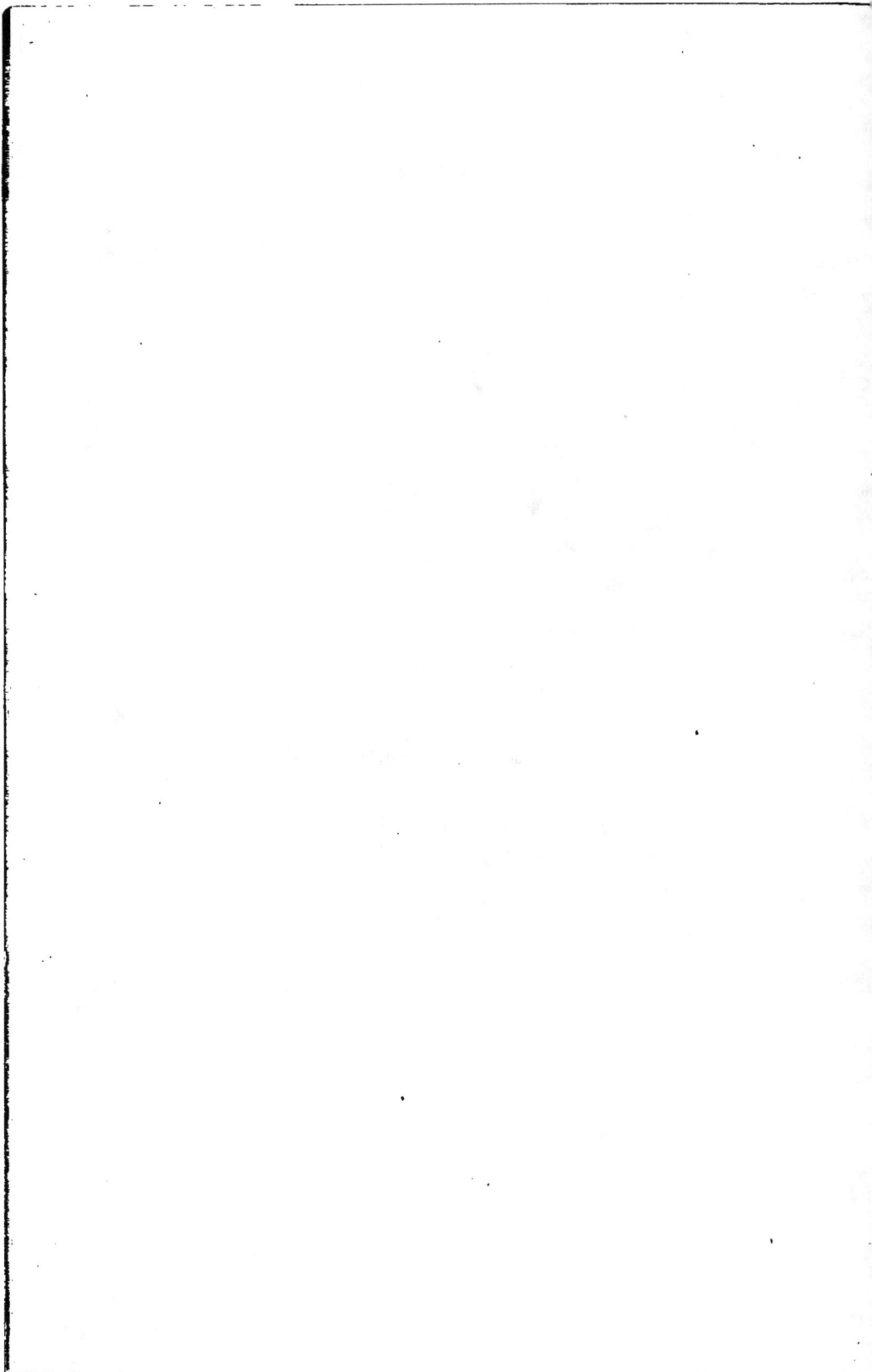

14ᵉ CORPS   17 octobre 1870.
État major général.
Nᵒ 693.

ORDRE

—

Le général en chef acceptera toute proposition présentée par M. Benoît-Champy, à l'effet de détruire ou couler les embarcations amarrées sur la rive opposée de la Seine et occupée par l'ennemi. Il l'invite à chercher le personnel qui lui paraît pouvoir réussir dans cette opération délicate, et lui fournira tous les moyens d'action qui seront jugés nécessaires ou utiles pour mener à bonne fin cette entreprise.

Au quartier-général, Porte Maillot.

Le général en chef,

P. O. *Le général, chef d'état-major général,*

APPERT.

Extrait du rapport militaire du général Ducrot, en date du 22 octobre 1870, au JOURNAL OFFICIEL.

COMBAT DE LA MALMAISON

—

. . . .

P. S. — En terminant, je dois mentionner particulièrement les éclaireurs Franchetti, qui avaient été placés dans ces différentes colonnes et qui, comme toujours, se sont montrés aussi dévoués qu'intelligents et intrépides.

GÉNÉRAL A. DUCROT.

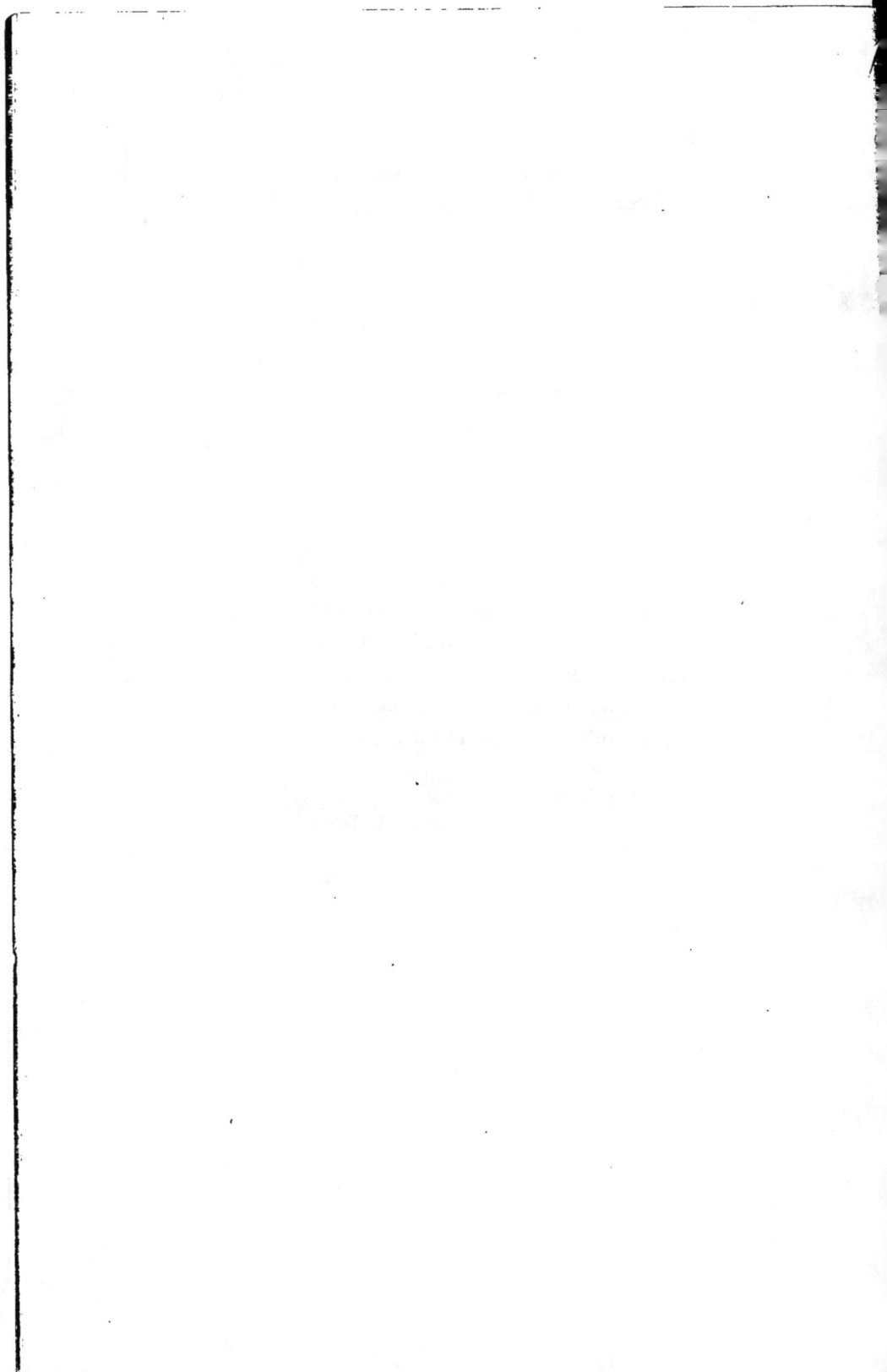

Cher ami, votre estafette me trouve près de Montretout; j'arrive au galop, je préviendrai le général en passant et j'irai droit à l'Hôtel-de-Ville. Je ne m'occupe pas de l'escadron, je me fie à vous pour le trouver à cheval au premier signe. Est-ce bien vrai? La guerre civile et les Prussiens! Je ne puis y croire, je pensais ici à tout autre chose.

FRANCHETTI.

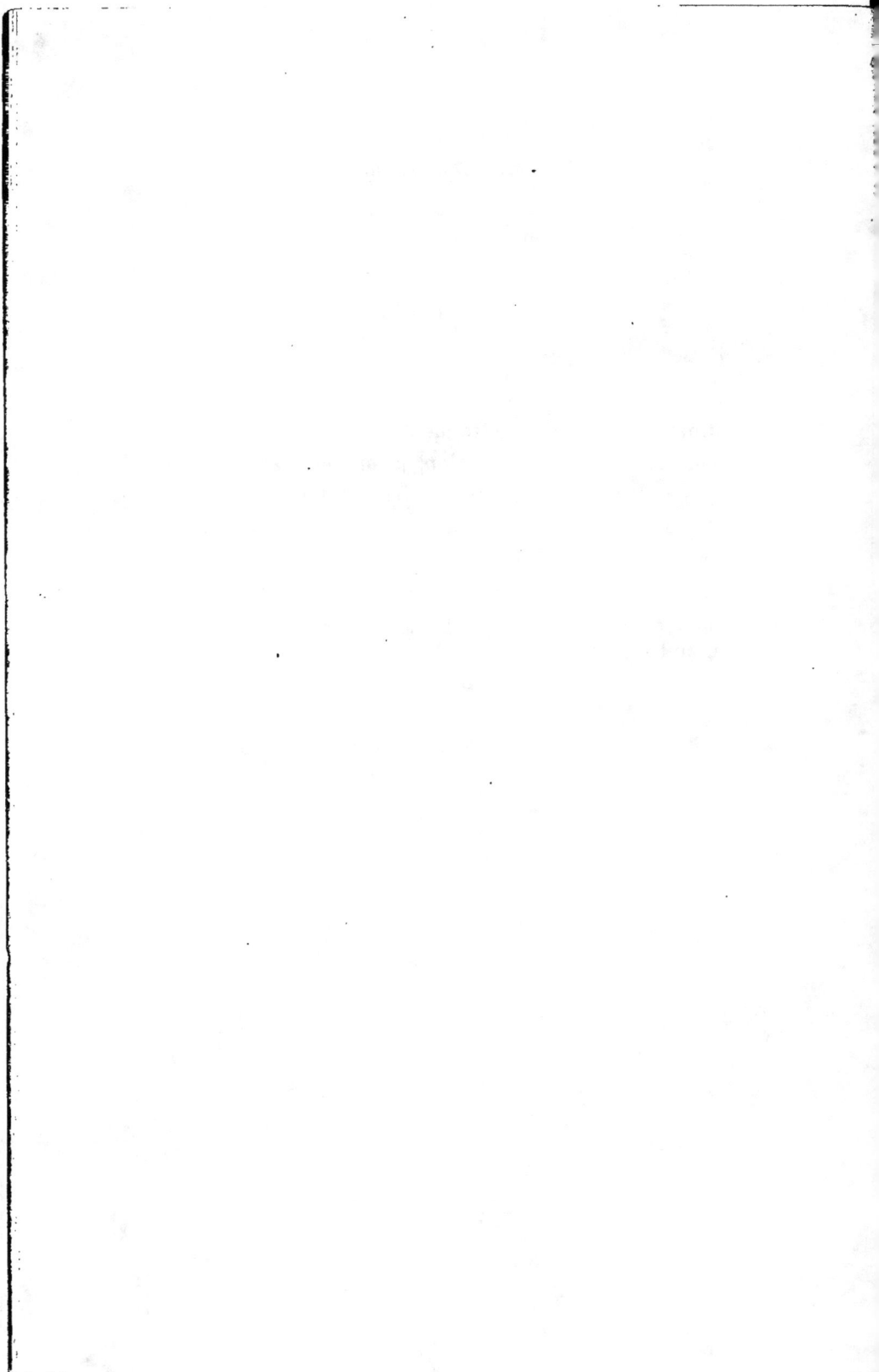

31 octobre 1870, 10 heures soir.

La garde nationale a délivré Trochu ; envoyez moi un piquet. Ne bougez pas et attendez mes ordres, chevaux sellés et bridés.

FRANCHETTI.

ORDRE

—

Les camionnages des gares de l'Ouest, du
Nord ou autres chemins de fer, ainsi que la
Poste de Paris, mettront à la disposition de
M. Benoît-Champy, capitaine aux éclaireurs
Franchetti, le nombre de voitures, charrettes ou
camions qu'il désignera, pendant le nombre de
jours qu'il indiquera, pour se transporter où le
capitaine l'ordonnera et pour être entièrement
à ses ordres, ainsi qu'un certain nombre d'hommes pour charger.

MM. les intendants des corps d'armée, ou au
besoin MM. les maires des communes suburbai-
nes, délivreront au capitaine Benoît-Champy
des fourrages et des vivres pour les attelages et
leurs conducteurs.

Le capitaine Benoît-Champy est autorisé à requérir toute embarcation qu'il désignera, et à requérir tout canot à l'aviron.

Le commandant du bataillon de la garde nationale d'Argenteuil prêtera aide et assistance au capitaine Benoît-Champy pour l'exécution des ordres qui lui sont confiés et prendra ses instructions pour la troupe qu'il commande.

Le Gouverneur de Paris.

P. O. *Le général, chef d'état-major général,*

SCHMITZ.

Paris, le 25 novembre 1870.

DÉCRET

—

MINISTÈRE
DE
LA JUSTICE
—
ENREGISTRÉ
le 16 décembre 1870.
—

RÉPUBLIQUE FRANÇAISE

—∞∞∞—

Le gouvernement de la défense nationale, considérant que le corps des Eclaireurs à cheval, autorisé par l'arrêté du ministère de l'intérieur du 25 août dernier, est détaché de la garde nationale sédentaire dont il continue à faire partie ;

Considérant que par cet arrêté l'escadron ne s'engageait à réclamer ni solde, ni indemnité ; mais que la prolongation imprévue du siége a imposé des sacrifices considérables à ceux des cavaliers qui ont pourvu aux frais de l'organisation de ce corps ; que déjà la solde lui a été fournie par le ministère de la guerre ;

Que depuis le commencement des opérations militaires, ce corps a rendu plusieurs fois des services réels; que plusieurs fois il a mérité l'honneur de la mise à l'ordre du jour; qu'enfin il vient de recevoir son ordre d'entrée en campagne, l'attachant spécialement comme guides à l'une des armées de Paris;

DÉCRÈTE :

Il est alloué au corps des Eclaireurs de la Seine, une indemnité en remboursement de dépenses justifiées.

Fait à Paris, le 27 décembre 1870.

Signé : GÉNÉRAL TROCHU, JULES FAVRE, ERNEST PICARD, EMMANUEL ARAGO, JULES FERRY, GARNIER-PAGÈS, JULES SIMON, EUGÈNE PELLETAN.

28 novembre 1870.

—·—

Mon Général,

Suivant vos ordres, j'ai acheminé et conduit
en face l'île Marande le convoi de quatre-vingt-
cinq bateaux que vous m'aviez donné l'ordre
de rassembler devant le pont de Bezons. Les
avant-postes nous ont tiré sans résultat. Je me
suis concerté avec le commandant du détachement de marins, pour que l'île Marande soit
occupée cette nuit.

Le commandant Franchetti ayant rejoint, au
fort de Nogent, le général Ducrot, et m'ayant
chargé de conduire l'escadron, cette nuit, au
fort de la Faisanderie, à Vincennes ; j'ai dû
rentrer à Paris, et j'ai laissé à Colombes le
lieutenant Simonne et quelques éclaireurs pour
passer cette nuit la Seine et pénétrer dans
l'île Marande.

Signé : Benoit-Champy.

MON GÉNÉRAL,

L'escadron, sous les ordres du commandant Favrot, conjointement avec un escadron de dragons et de gendarmes et une demi-section d'artillerie, a traversé la Marne à Nogent, et s'est porté sur Bry-sur-Marne. Vers la fin de la journée, l'escadron s'est replié à la ferme du Tremblay.

J'ai recueilli des prisonniers des renseignements intéressants que le capitaine Benoit-Champy vous a portés sur le champ de bataille.

Ma bonne étoile me protége toujours, car aucun de mes hommes, soit dans l'escadron, soit dans le détachement qui nous accompagnait n'a été atteint, bien que les traces des balles soient visibles sur les selles, sur les crosses de fusil, et que plusieurs cavaliers aient eu leurs vêtements traversés ou leurs chevaux blessés.

Je campe ce soir à Nogent.

Signé : FRANCHETTI.

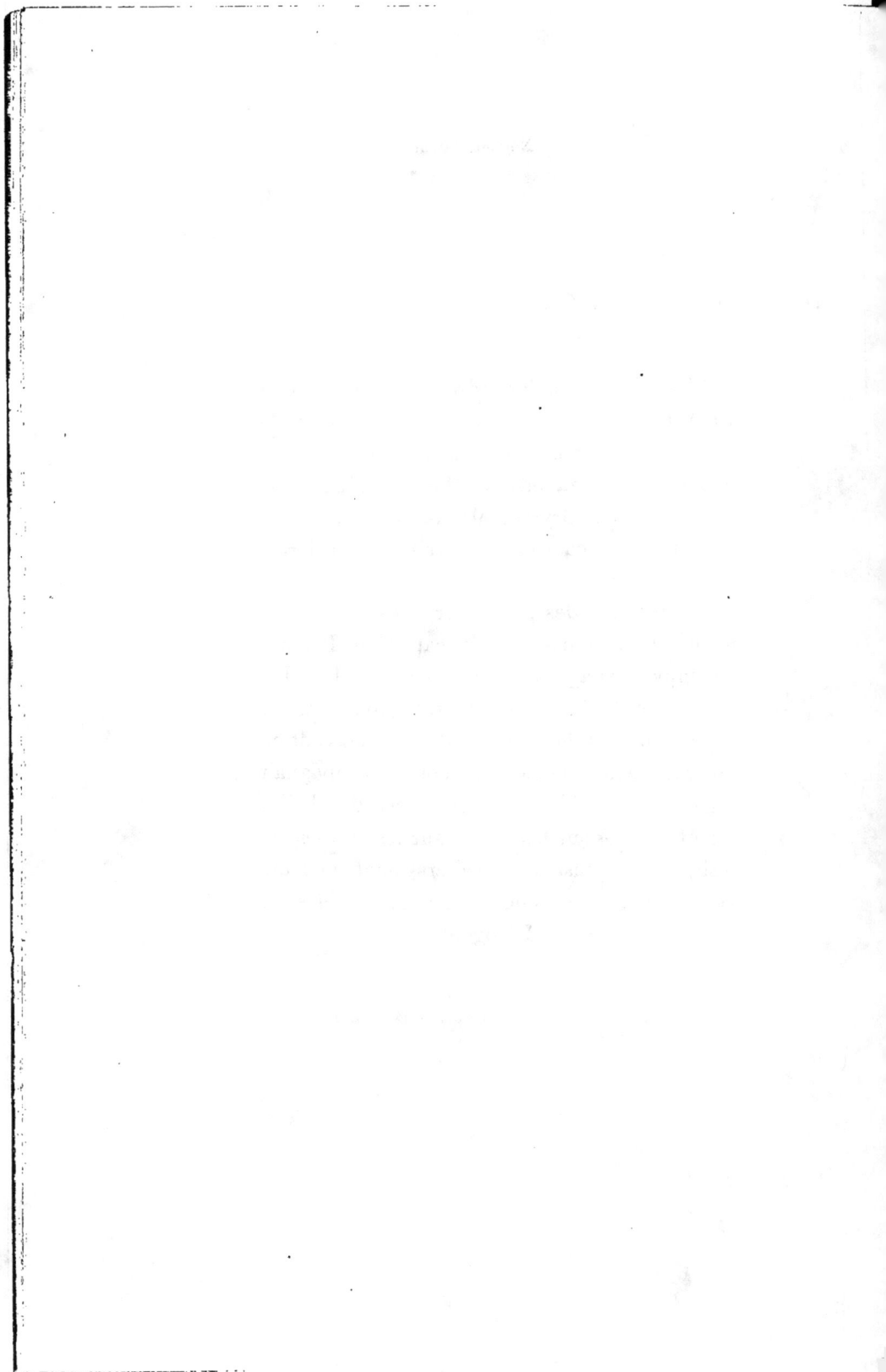

Mon Général,

Comme vous le savez, notre commandant a été frappé par un éclat d'obus à la cuisse, au moment où il allait, avec quelques-uns de nos cavaliers, presser l'arrivée des munitions. J'ai couru ce soir à Paris, et j'ai la douleur de vous annoncer que la blessure paraît grave ; il a été transporté au Grand-Hôtel, où je n'ai pu lui parler, mais où j'ai vu ses médecins, qui sont inquiets.

Je n'ai eu aucun homme atteint dans cette journée, mais seulement des chevaux blessés.

Le général Trochu m'a fait répartir dans l'après-midi mes cavaliers aux têtes des ponts de la Marne pour y maintenir l'ordre.

Je suis revenu coucher à Nogent, d'où j'envoie prendre vos ordres.

Signé : Benoît-Champy.

P.-S. — L'occupation de l'île Marande a eu lieu suivant les instructions du général Trochu.

Je reçois le rapport du lieutenant Simonne, qui a rejoint l'escadron aujourd'hui. L'île a été occupée pendant le temps indiqué pour être ensuite abandonnée. Les marins ont perdu deux hommes ; je n'ai eu aucun blessé.

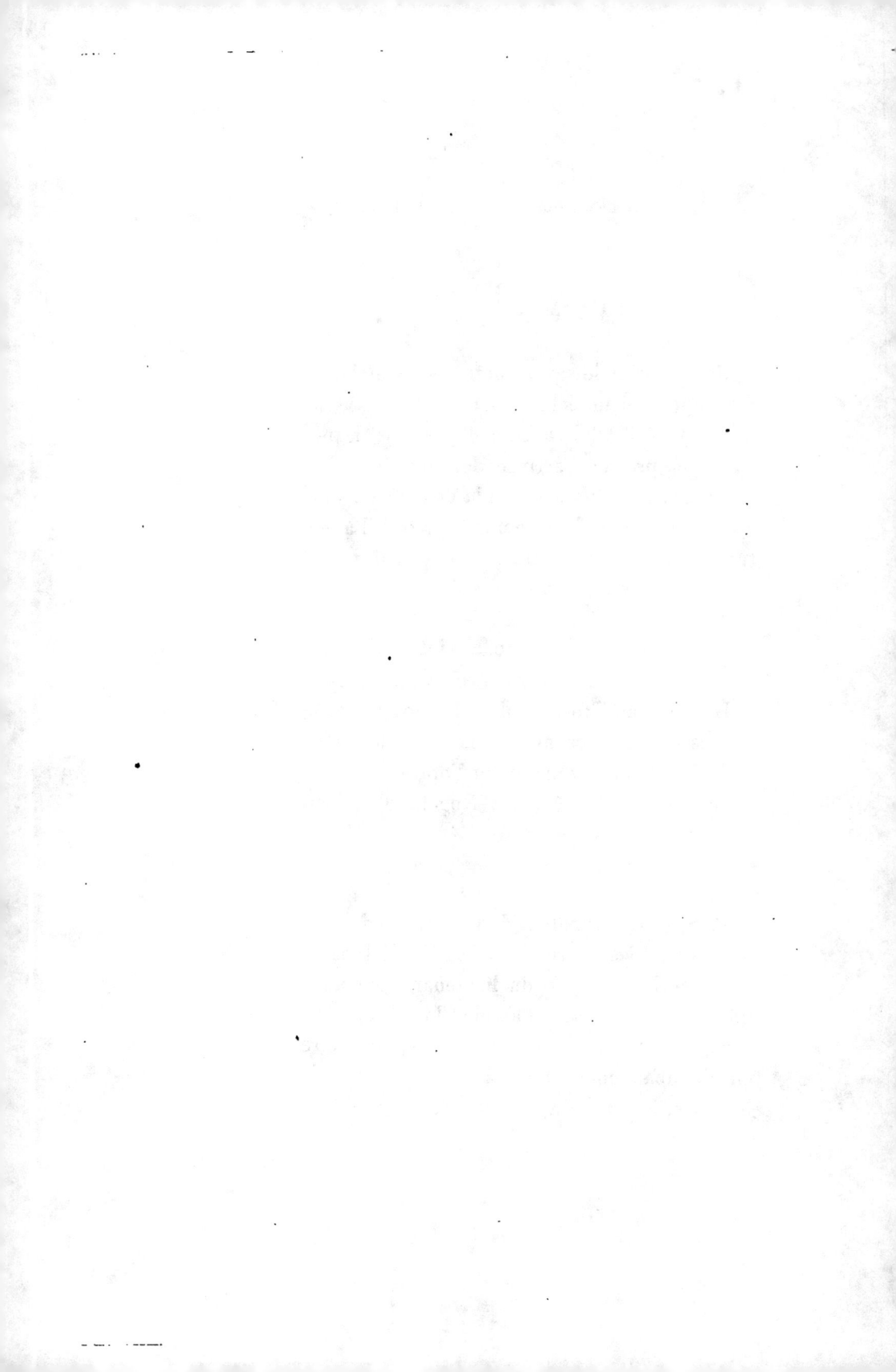

GOUVERNEUR DE PARIS   6 décembre 1870.

Cabinet.

—

ORDRE

—

M. Benoit-Champy, capitaine-commandant de l'escadron Franchetti, est reconnu comme chef de corps, et autorisé à donner en cette qualité toute signature, comme à en exercer les fonctions.

P. O. *Le général, chef d'état-major général,*

For.

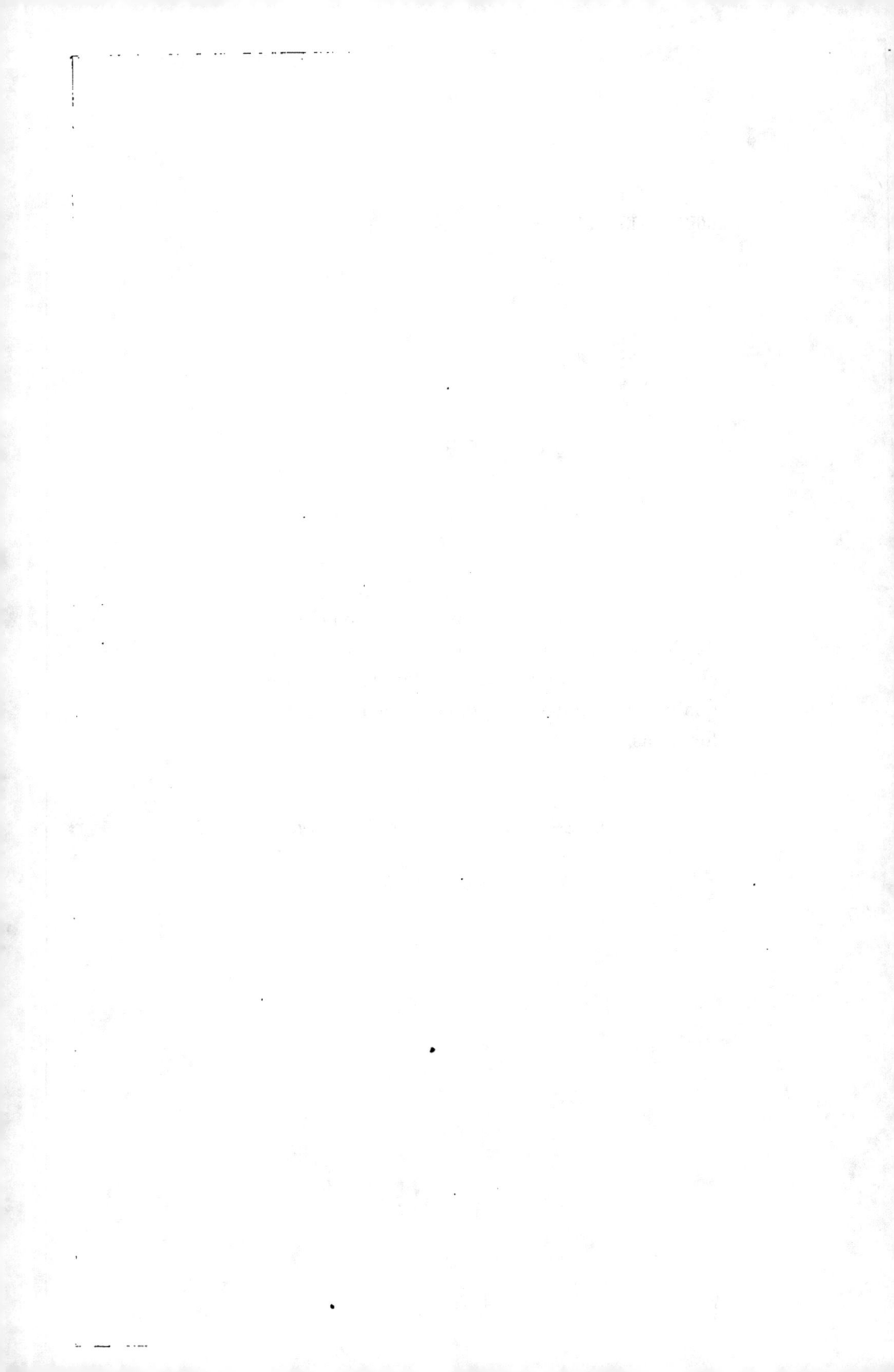

Extrait du rapport militaire du Gouverneur de Paris, en date du 6 décembre 1870. (JOURNAL OFFICIEL.)

—

. . . .

Auprès de cette vieille gloire (le général Renault) est venue s'éteindre une vie toute d'espérance : le commandant Franchetti a également succombé à la suite de sa blessure. Il avait conquis une place d'honneur au milieu des défenseurs de la capitale. Jeune, ardent, vigoureux de cœur et d'esprit, il n'est pas de journée, depuis le commencement de la campagne, où il n'ait fait preuve de vaillance à la tête de la troupe d'éclaireurs à cheval qu'il avait formée et qui pleure aujourd'hui l'homme qui avait si bien compris le parti qu'on pouvait tirer d'une pareille troupe d'élite.

. . . .

P. O. *Le général, chef d'état-major général,*

SCHMITZ.

19 décembre 1870 (*Journal Officiel*).

MISE A L'ORDRE DU JOUR DE L'ARMÉE

FRANCHETTI, commandant l'escadron des éclaireurs à cheval du quartier général. Blessé mortellement à l'attaque du plateau de Villiers. Le commandant Franchetti, organisateur du corps des éclaireurs à cheval, avait rendu depuis l'investissement des services de premier ordre. Il laisse à sa troupe, avec son nom, des traditions d'honneur et de dévouement.

21 décembre 1870.

Combat du Bourget. — *Rapport au commandant Favrot.*

—

Mon Commandant,

Suivant vos ordres, je suis venu coucher à
Noisy-le-Sec et je me suis porté ce matin à
Bobigny. Mon effectif était de 115 cavaliers.
Le premier peloton a exécuté une reconnaissance sur la lisière de la forêt de Bondy, à la
ferme de Nonneville. Une batterie établie sur
le chemin de fer, nous a envoyé quelques obus
et le peloton a été salué, à la ferme, par un feu
bien nourri.

Je n'ai que deux chevaux blessés et aucun
homme atteint. Le reste de l'escadron est ren-
tré au Drancy, avec les dragons et les gendarmes et a dû rétrograder sur la fin de la
journée, devant les obus, près de Bobigny.

Suivant vos ordres, j'ai été camper à Au-
bervilliers.

Signé : Benoit-Champy.

24 décembre 1870.

ORDRE

—

L'escadron Franchetti rentrera à Paris et fournira chaque jour un demi-peloton aux ordres du général en chef.

FAVROT.

8 janvier 1871.

A Monsieur le capitaine Benoit-Champy.

—

MON CHER CAPITAINE,

Vous amènerez cette nuit, aux Lilas, le premier peloton. On doit tenter une attaque sur les avant-postes ennemis.

FAVROT.

12 janvier 1871.

A monsieur le capitaine Benoit Champy.

—

. . . .

Vos éclaireurs ont bien marché dans la petite affaire de cette nuit. On a été très content d'eux comme toujours.

FAVROT.

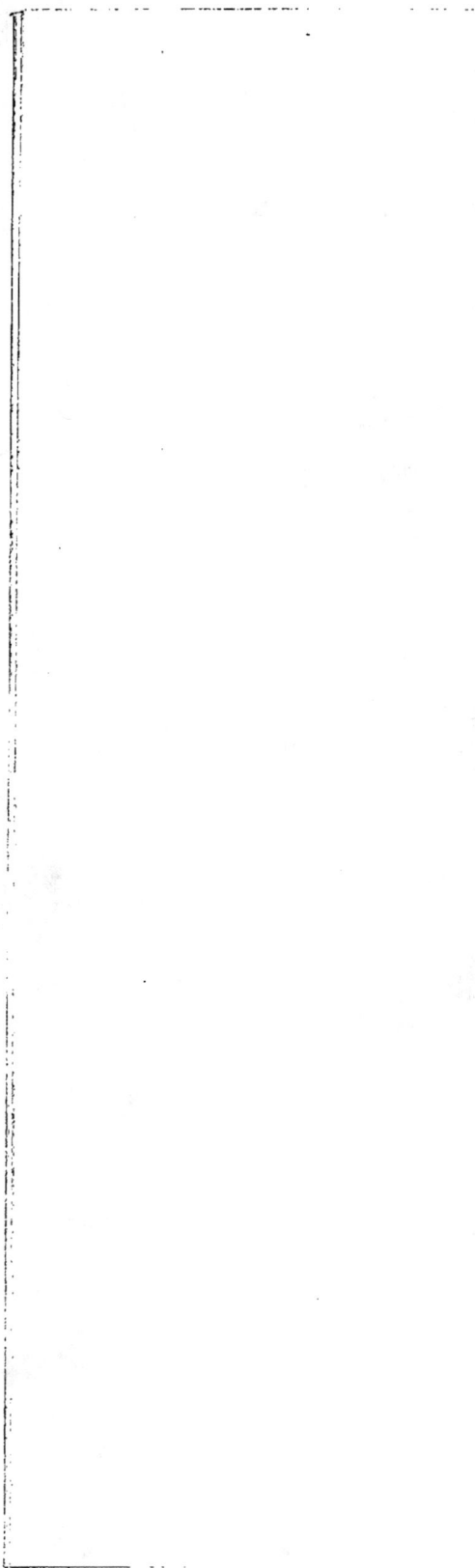

Rapport au commandant Favrot.

—

Mon Commandant,

Suivant vos ordres je me suis rendu à Nanterre à sept heures du matin. J'ai opéré une reconnaissance près du Pont-aux-Anglais avec le second peloton. Nous avons aperçu de nombreux petits postes, infanterie et cavalerie, qui nous ont tiré sans résultat. J'ai envoyé le troisième peloton à Rueil; je me suis rendu à Buzenval savoir ce que devenaient nos hommes en cet endroit, et rapporter, le cas échéant, les ordres du général.

A midi, un de mes cavaliers, en vedette sur le bord de la Seine, est venu m'annoncer que les troupes prussiennes, en nombre considérable, venaient d'Argenteuil, marchant sur Bougival, pendant que l'artillerie prenait position sur les hauteurs de Carrières-Saint-Denis.

J'ai conduit de suite, suivant vos ordres, le premier peloton à Bezons, pour répartir les cavaliers sur le bord de la Seine, et apprécier l'importance des renforts qui arrivaient, et j'ai pû vous envoyer des notes précises. Le défilé des troupes ennemies, infanterie, artillerie, cavalerie, a duré une heure et demie. Si la redoute de Colombes avait eu des canons, elle eut pu faire beaucoup de mal à l'ennemi. Au même moment, les batteries ennemies de Carrières-Saint-Denis ouvraient leur feu et couvraient d'obus la gare de Nanterre, où se trouvaient nos hommes. Seul, le capitaine de Marval a été contusionné par un éclat d'obus, à vos côtés, comme vous le savez, mais son état n'a aucune gravité.

En même temps le peloton qui était à Rueil voyait s'établir devant lui une nouvelle batterie et était forcé de se replier. Depuis sept heures du matin jusqu'à six heures du soir, nos cavaliers n'ont cessé de galoper dans un terrain lourd, et nos chevaux sont exténués. Les avant-postes ont constamment tiré sur nous sans aucun résultat. J'ai eu deux chevaux blessés dans le détachement qui escortait le général Ducrot.

Cette nuit, à une heure du matin, j'ai été avec un peloton dans les tranchées du bord de la Seine, et j'ai entendu distinctement passer, sur la rive opposée, des convois d'artillerie.

Le feu des avant-postes a été assez vif cette nuit.

Signé : BENOIT-CHAMPY.

28 janvier 1871.

Ordre du commandant Favrot.

—

Messieurs,

En raison d'une décision ministérielle, le général Ducrot quitte le commandement en chef de la deuxième armée qui est dissoute. Je le suis dans sa retraite où l'inconnu nous attend : la reconnaissance et le devoir m'y obligent.

Au moment de me séparer de vous, messieurs, je veux vous dire par la voie de l'ordre quelques mots de remerciement et d'adieu.

Un des plus grands honneurs de ma vie militaire sera, quoiqu'il arrive, d'avoir été placé à votre tête et de vous avoir vus de près à l'œuvre. J'aurais salué avec une joie profonde le jour où votre rôle eut pris une importance plus étendue encore et le mien en même temps. Il n'en a pas été ainsi. Les espérances que nous avions partagées un instant se sont tristement évanouies, et seuls les malheurs de la patrie ont grandi.

Au milieu de ce deuil public, sachez du moins que si j'ai été, au gré de mes désirs, trop peu de temps votre chef, vous trouverez toujours en moi un camarade et un ami.

Le chef d'escadron,

Baron Favrot de Kerbreck.

Paris, le 28 janvier 1871.

CONTROLE

DE

L'ESCADRON FRANCHETTI

Comprenant les Officiers, Sous-Officiers et Cavaliers au titre d'éclaireurs.

~~~~~~~~~~

FONDATEURS :

FRANCHETTI (Léon),

BENOIT-CHAMPY ✳ (Gabriel),

JOLY DE MARVAL (Édouard).

ESCADRON FRANCHETTI

—

CONTROLE PAR ANCIENNETÉ

ÉTAT-MAJOR

FRANCHETTI, Léon, chef d'escadron, ✻ décoré le 15 octobre 1870.

BENOIT-CHAMPY, Gabriel, capitaine-commandant, ✻ O nommé officier de la Légion d'honneur le 8 février 1871.

JOLY DE MARVAL, Edouard, capitaine adjudant-major, ✻ décoré le 8 décembre 1870.

LACOMBE, François, lieutenant, premier peloton.

SIMONNE, Albert, sous-lieutenant, hors peloton.

BEAULIEU, Emile, sous-lieutenant, trésorier d'administration.

DE SUSINI, Paul, sous-lieutenant, troisième peloton.

PORTET, François, sous-lieutenant, deuxième peloton.

WORMS, Lucien, sous-lieutenant hors peloton, ✻ décoré le 8 février 1871.

FOURNIER, Charles, adjudant.

✻ Leroy d'Etiolles, Raoul, chirurgien.

✻ Barthélemy, Pierre, vétérinaire.

SOUS-OFFICIERS ET BRIGADIERS

Malherbe, Gustave, maréchal-des-logis chef.

Taconnet, Ferdinand, maréchal-des-logis.
De Kergariou, Emmanuel — décoré le 25 octobre 1870.
Paillard, Jules, —
Clancau, Emile, maréchalerie, —
Debost, Emile, —
Champlouvier, Charles, —
De Dauvet, Louis, —
✻ Rogniat, Abel, vaguemestre, —
Billat, Henry, —
De Marcy, Albert, —

Brunard, Georges, maréchal-des-logis fourrier.

Paret, Georges, brigadier-fourrier.

Crémieux, Jules, brigadier.
Couteau, Aristide, —
Pilté, Alphonse, —
Carriès, Henry, —
Coignet, Henry, —
Chatelain, Félix, — médaillé le 8 décembre 1870.
Robert, Paul, —
Juif, Emile, —
De Grimaud, Marcel, —
Speneux, Louis, —
Tollu, Camille, —
De Susini, Fernand, —
Filippini, Antoine, —
De Beeckman, Fern[d] —

CABANY, Julien, — brigadier.

MARCHAND, Henry, —

WACHÉ, Edouard, —

DE BEECKMAN, Raoul, —

MALROUX, Jean, brigadier-trompette.

DUVAL, Ernest, trompette.

DALOTEL, Louis, —

—

LISTE DES CAVALIERS-ECLAIREURS

RODRIGUES, Edgard, éclaireur, médaillé le 25 octobre 1870

SOUPE, Antonin, —

DE MONTAUDIN, Alph. —

GUÉRIN, Edmond, — médaillé le 8 décembre 1870

LAVRIL, Emile, —

DELAHAUT, Paul, —

DE BEDÉR, Léon, — médaillé le 15 octobre 1870,
cavalier de 1re classe.

SARRAN, —

GRIMONT, Marcel, —

SIROT, Jules, —

DE MATIGNON, Louis, —

PELLERIN, Albert, —

BOBE, Alfred, — cavalier de 1re classe.

DARBAUD, Charles, —

CAVAILHON, Edmond, —

DE MAYRENA, Raymond, —

COTTREL, Charles, — cavalier de 1re classe.

SOUPPLET, Frédèric, —

FLAMAND, Emile, …

D'ERCEVILLE, Alfred, —

SIBUT, Marius, —

LAPORTE, Jean-Baptiste, —

ESTÈVE, Henry, —

LEFÈVRE, Raoul, — éclaireur.

LE MAUX, Paul,   —

LASSERON, George,   —

FRANCONI, George,   —

DEBROUSSE,   —

CHAMPEAUX, Jean,   —

LECOUTRE, Pierre,   —

ROCHE, René,   —

MARS, Emile,   —

• LÉVY, Armand,   —

GUÉRET, Philippe,   —

DUPRÉ, Alfred,   —

CHÉRADAME, Louis,   —

BONNET, Gustave,   —

GAIDAN, Auguste,   — médaillé le 8 décembre 1870

LARIVIÈRE-RENOUARD,   —

DE FREISSINET,   —

ROSTAND, Arthur,   —

OBERKAMPF, Paul,   —

BILIÉ, Julien,   —

BRINQUANT, Raoul,   — médaillé le 9 février 1871.

KÉVRIN, Louis,   —

DE BULLY, Léon, ✻ — décoré le 8 décembre 1870.

BÉGÉ, Jules, ✻ — décoré le 8 décembre 1870.

DE LAROCHEFOUCAULT, Raoul, éclaireur.

DE BEAUVAIS, Auguste,   —

LARSONNIER, Raymond,   —

VATEL, Eugène,   —

MAHIER, Georges,   —

MAUNIER, Ferdinand,   —

LEDUC, Albert,   —

MARIENVAL, Gustave,   —

LACASSE, Georges,   —

DISTRIBUÉ, Eugène,   —

FONTANA Charles,   —

LE BOUCHER, Léon, — éclaireur.

JOANNÈS, François-Emile, —

DE BUSSIÈRE, Edmond, — méd. le 9 février 1871

VERSEPUY, Arthur, —

LE FEZ, Maurice, — méd. le 9 février 1871.

JAY, Joseph, — méd. le 9 février 1871.

HAMARD, Jules, —

LE MAYE DE MOYSEAU, —

DUROZEY, Georges, —

DE SINETY, Henry, —

MAIRET, Henry, —

RIVIÈRE, Adolphe, —

FUNÉRAILLES

DU

COMMANDANT FRANCHETTI

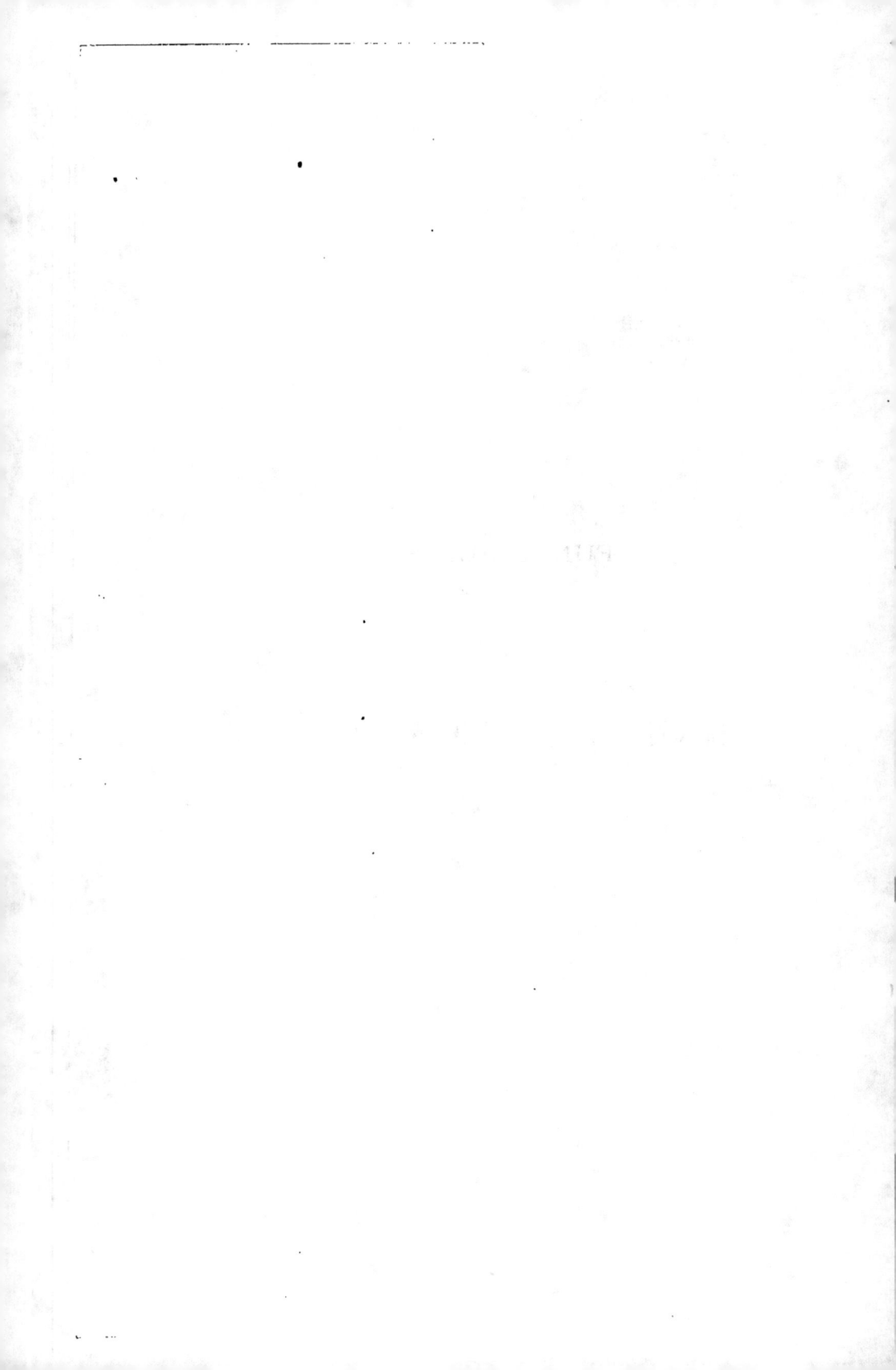

AVANT-PROPOS

La publication des archives de l'Escadron à
été dictée par la pensée de conserver un souvenir d'une campagne honorable pour le corps
Franchetti.

Le souvenir glorieux du commandant Franchetti y est vivant à chaque page. C'est pour
rendre hommage à cette mémoire qu'à la suite
des archives, on a fait un choix de quelques
documents, entre tous, témoignant les sympathies générales que cette mort a provoquées.

Extrait du FIGARO *du jeudi* 8 *décembre* 1870.

FRANCHETTI

—

On dirait maintenant que la mort, complice acharnée et intelligente de nos ennemis, choisit à plaisir les victimes dont l'immolation nous sera la plus poignante, et répond au défi que nous lui avons jeté d'abattre notre courage, en mettant toute sa science à nous briser le cœur.

Les meilleurs s'en vont, les plus vaillants, les plus glorieux, presque toujours les plus jeunes. Hier, nous menions le deuil de Dampierre et de la Charrière, si héroïquement tombés et si chrétiennement morts; aujourd'hui, c'est le vieux Renault qui rend à Dieu sa grande âme, et le jeune Franchetti, presque aussi ancien que lui en renommée, qui meurt presque à la même heure, et au moment où un nouveau désastre vient de frapper la Patrie.

Nous avons dit ce que le général Renault laissait de regrets et de titres à la reconnaissance publique. Qu'ils nous soit permis d'arrêter un moment notre pensée sur ce brave et malheureux commandant des Eclaireurs parisiens, des

Eclaireurs Franchetti, comme on les appellera dans l'histoire, où ils ne sauraient avoir un plus beau nom.

Il avait à peine trente-six ans. Il avait tout ce qui fait aimer l'homme, tout ce qui rend la vie enviable, tout ce qui constitue l'être heureux ici-bas: l'esprit, la beauté, la fortune, le courage; des amis partout où il était connu, une enfant adorable, une femme charmante. Il pouvait, ayant payé sa dette à la France, non pas se reposer dans l'oisiveté d'une vie élégante, mais tout au moins la servir comme nous le faisons à peu près tous à cette heure, en se vouant à la défense des remparts ou des foyers, en apportant ce tribut dévoué, mais général, de fatigues, d'anxiétés et de privations que l'invasion nous impose à tous, et nul n'eût trouvé, car il s'en fût acquitté avec passion, qu'il eût fait moins que son devoir.

Il n'a pas voulu de ce rôle. Ame d'élite, cœur ardent, intelligence merveilleuse, il rêva d'accomplir, et il réussit parce qu'il l'avait voulu, une de ces missions de chevalerie et d'exemple national qui font dire d'un homme qu'il a bien mérité de la patrie. Il créa ce corps d'éclaireurs, déjà légendaire à force d'audace et de faits épiques, qui a tant contribué à ce qui s'est fait de remarquable sous Paris et dont l'exemple a suscité, fécondé, fait sortir de terre ces magnifiques et intrépides compagnies de volontaires, dont l'ennemi a une telle peur qu'il les assassine désespérant de les vaincre, et qu'il viole à leur endroit les lois les plus élémentaires de la guerre et de l'humanité.

On sait comment et sous quelles affreuses blessures est tombé Franchetti. Il meurt, doublement heureux d'avoir été frappé dans un jour de victoire et de n'avoir pas appris le désastre qui viendra demain jeter une angoisse de plus sur ses funérailles. Mais notre poitrine se serre et les larmes nous aveuglent en pensant à ce qu'il a dû souffrir au souvenir de sa femme et de son enfant, partis de Paris depuis le commencement de la guerre.

Comprend-on cette douleur? Pauvres êtres dont la présence eût adouci sa dernière heure, et qui vont apprendre, brutalement, inopinément, par un journal quelconque, la mort de ce mari et de ce père dont ils n'avaient pas de nouvelles peut-être et dont lui, certainement, n'en avait pas depuis longtemps?

Ah! nous ne savons pas ce que c'est que souffrir, nous qui avons, même en ces temps de calamités inouïes et de désespoirs impossibles, l'amère joie de garder auprès de nous ceux que nous aimons! Au moins, si nous mourons ou s'ils meurent, le regard consolateur, la main amie, le cœur adoré, la chère et suprême étreinte, le divin adieu nous restent et nous fortifient. Mais loin des siens, sans même savoir s'ils existent encore eux-mêmes, mais cette jeune femme qui a appris de quelle gloire il se couvrait loin d'elle, mais cette enfant à qui l'on a expliqué ce que c'était qu'un héros et que ce héros était son père; — et puis plus rien!

Et voilà quelle récompense attend les plus admirables sacrifices; à quel prix, ô Patrie! on te sert aujourd'hui, à quel genre de mort l'implacable ennemi qui a juré de te détruire, condamne aujourd'hui les plus énergiques de tes défenseurs et les meilleurs de tes enfants!

Pour nous qui l'avons connu et aimé, et qui le pleurons à ce point de n'avoir pas même la force de rappeler ses glorieux services, c'est à l'ami, c'est à l'homme, c'est au vaillant, spirituel et charmant compagnon de tout ce que Paris comptait d'hommes intelligents, que nous disons adieu du fond de l'âme; quant au soldat, quant au héros, nous laissons à la France elle-même, au Gouvernement et à l'opinion le soin de lui rendre la justice que mérite cette noble existence couronnée par la plus sublime et peut être la plus opportune des morts.

PIERRE SIMPLE.

Extrait du PARIS-JOURNAL *du 8 décembre* 1870.

LE COMMANDANT FRANCHETTI

—

Le commandant Franchetti, qui est mort hier, a sa place marquée dans les pages glorieuses qui formeront le livre d'or de la défense de Paris.

Le commandant Fanchetti, qui vient de succomber à la blessure qu'il a reçue le 2 décembre à la bataille de Villiers, était un ancien soldat. Il avait dix années de service.

Après une brave campagne en Afrique, il fit la guerre d'Italie, où il fut blessé à la bataille de Mélégnano, à côté du maréchal Baraguey d'Hilliers, dont il était le porte-fanion.

Marié depuis six ans il avait abandonné le service militaire et s'était associé à son beau-père.

Quand il apprit les désastres de nos armées, il se souvint qu'il avait servi la France et que son devoir était de combattre à nouveau pour elle.

Il s'adressa d'abord au général Palikao

pour obtenir l'autorisation de former un corps d'éclaireurs.

Le général Palikao, qui prévoyait sans doute « une paix honteuse, » se refusait à toute nouvelle création militaire.

Le général Trochu s'empressa d'accorder à Franchetti l'autorisation qu'il sollicitait.

Les éclaireurs de Franchetti ont bien vite acquis une indiscutable célébrité.

A la suite du combat du 21 octobre, leur brave commandant fut décoré.

Il y a quatre jours, Franchetti recevait un éclat d'obus, blessure qui devait le conduire au tombeau.

Ce furent les généraux Trochu et Ducrot qui, les yeux remplis de larmes, le placèrent eux-mêmes dans la voiture qui devait le conduire au Grand-Hôtel.

Le soir du 2 décembre, il fut convaincu qu'il était perdu; le 3, grâce aux tendres consolations du docteur Nélaton, il eut quelque espoir; le 4, il se crut complétement sauvé, et dans la nuit du 4 au 5, quelques heures avant de rendre le dernier soupir, il demandait à ceux qui l'entouraient quand il pourrait remonter à cheval.

Pendant trois jours, ce fut au Grand-Hôtel une véritable procession de visiteurs.

La duchesse d'Elchingen, le général Chabaud-Latour, le duc de Castries, la générale Trochu, le général Appert, Jules Favre, les

Rothschild, le général Le Flô, Dorian, Mme Cavaignac, la rédaction du *Siècle*, etc., etc., venaient chaque jour prendre des nouvelles du vaillant blessé.

Franchetti était fort, mais son véritable trésor était sa jeune femme, âgée de vingt-huit ans, et une petite fille de quatre ans.

On n'ose penser à la douleur de cette jeune mère quand elle apprendra dans huit jours, dans un mois peut-être ! — car elle est en province, — on n'ose songer, dis-je, à l'effrayante douleur qui va l'accabler, elle à qui l'avenir avait apparu jusqu'alors sous de si riantes et si heureuses couleurs.

Hier soir, à six heures, j'ai vu Franchetti sur son lit de mort.

Les draps blancs, les rideaux de damas de soie rouge qui ornaient son lit, faisaient ressortir encore d'avantage l'ébène de ses cheveux, de sa barbe, et la pâleur de sa belle et loyale figure.

Devant le lit, une jeune femme blonde, de vingt ans à peine, vêtue de noir, un petit foulard rouge autour du cou, dessinait sur une large feuille de papier ce sombre et lugubre tableau.

On veut, si plus tard elle le demande, donner à la veuve de Franchetti ce dernier souvenir de celui qu'elle a tant aimé.

VICTOR KONING.

Extrait de la REVUE DES DEUX-MONDES *du 15 décembre* 1870.

LA MORT DU COMMANDANT FRANCHETTI

—

AU MÊME (1)

CHER MONSIEUR,

L'autre jour, dans une de ces lettres éloquentes qui sont une bonne fortune pour les lecteurs de la Revue, M. Vitet vous parlait d'un vieillard, M. Piscatory, qui, au terme d'une vie noblement consacrée au service de la France libérale, était venu montrer l'exemple à la génération nouvelle, et mourir de fatigue après une nuit au rempart. Ne voudrez-vous pas consacrer aussi quelques lignes au souvenir d'une autre victime de la même cause, d'un jeune homme dont la fin prématurée a répandu, la semaine dernière, une douloureuse émotion dans l'armée et dans ce qui reste à Paris de ce que l'on appelait autrefois la société parisienne?

Vous connaissez sans doute le commandant Franchetti. Peu d'hommes avaient autant de raisons de tenir à la vie. Beau comme un héros de roman, admirable cavalier, nature ouverte, loyale et gaie, il avait connu dans sa jeunesse les plaisirs de la bataille et des hardies chevauchées; officier de spahis, il s'était distingué en

(1) A M. le directeur de la *Revue des Deux Mondes.*

Algérie et en Italie. Un peu plus tard, il avait quitté le service et il avait trouvé, dans une famille d'élite, auprès d'une femme et d'une fille qu'il adorait, un bonheur qui semblait à l'abri de toute atteinte. La richesse même ne lui faisait pas d'envieux ; il semblait né pour être heureux et aimé. Cependant, après nos premiers désastres, dès qu'il vit Paris menacé, il n'hésita pas un instant ; il se sépara, pour se sentir le cœur plus ferme, de sa femme et de sa fille ; quand il eut mis en sûreté ces têtes chéries, il présenta aussitôt au général Trochu le plan de cette troupe des Eclaireurs à cheval de la Seine qui a été si vite populaire. Ce fut lui qui choisit les hommes de son escadron, qui réussit à introduire parmi eux ces habitudes de discipline qu'il est toujours plus difficile d'imposer aux corps-francs ; à leur tête, dès les premiers jours de l'investissement, il se mesura avec la cavalerie prussienne, et dans toutes les actions qui se sont engagées depuis lors, officiers et soldats se sont toujours montrés au plus épais du feu.

A Champigny, Franchetti a été frappé au moment où il quittait le général Ducrot ; quand la nouvelle de sa blessure s'est répandue dans Paris, personne ne voulait croire qu'elle fut mortelle, tant on désirait qu'il fut épargné, tant cet homme de trente-sept ans semblait avoir fait un pacte avec la santé, la force et la vie. Les médecins pourtant n'avaient pas d'espoir, et lui-même ne s'était pas fait un instant illusion. Il mourut comme il avait vécu, en souriant à ceux qui l'entouraient.

Ce fut le 7 décembre que nous le conduisîmes à sa dernière demeure. Ceux qui ont assisté à cette cérémonie ne l'oublieront pas. Au Grand-Hôtel, où il avait succombé, sur le boulevard où tous s'arrêtaient et se découvraient, c'était la pompe ordinaire des enterrements militaires, et cette foule qui se presse derrière le char de quiconque a une certaine situation dans le monde parisien ; mais au cimetière, dans la partie réservée aux Israélites, où l'on n'a fait entrer que les amis de la famille, que les officiers de toute l'armée et les soldats du corps des Eclaireurs, la scène prend un caractère vraiment saisissant. De sourds roulements de tambour, les notes les plus basses et les plus étouffées du clairon, ont conduit jusqu'à la fosse béante le char funèbre, que suit le cheval de bataille tout caparaçonné de noir : on s'est arrêté et rangé en cercle. Les Eclaireurs, qui ont laissé leurs chevaux à l'entrée, sont tous là, le sabre nu, les yeux rouges, regardant ce cercueil et la terre qui va le recouvrir. Cette triste journée de décembre, qui semble en harmonie avec le deuil des âmes, penche vers son déclin et s'assombrit déjà; entre les cyprès qui montent dans le brouillard, on distingue pourtant encore, à quelques pas, les traits des mornes visages que l'on a vus, il y a quelques mois, briller dans les fêtes. Le silence se fait, puis on entend s'élever le chant solennel des prières hébraïques; quand elles s'interrompent le grand rabbin prend la parole et, malgré son accent allemand, il est éloquent; il parle de devoir, de justice et de liberté; il dit que de pareilles victimes n'auront pas donné leur sang en pure perte, et que la France sortira victorieuse, un jour ou l'autre, des luttes désespérées auxquelles la condamnent l'ambition et la haine.

L'émotion est au comble quand, après le rabbin, un des capitaines de l'escadron, M Benoît-Champy, s'avance auprès de la tombe et, d'une voix entrecoupée, dit adieu à son chef au nom de tous ses camarades que l'on voit sangloter comme des enfants; il lui jure de le venger sur l'ennemi. Puis le prêtre prononce encore une prière et une bénédiction, atteste encore une fois, en face de cette dépouille de celui qui fut si vaillant et si généreux, les espérances communes à toutes les religions. Pendant que nous adressions à ce soldat de la France ces derniers adieux, le canon tonnait au loin, du côté de Gennevilliers ou d'Auteuil; il nous avertissait que ce n'était point le moment de pleurer et de s'abattre, et que plus d'un homme de cœur tomberait encore avant que ne sonnât l'heure de la délivrance.

C. Perrot.

À Madame veuve Léon Franchetti.

Madame,

La haute notoriété acquise parmi nous au commandant Franchetti, la haute estime que lui avaient méritée sa bravoure et son patriotisme, ont fait de sa mort un deuil public. L'armée de Paris toute entière s'est associée à notre douleur, et j'attache du prix à vous transmettre l'expression des sentiments qu'elle a manifestée autour de cette tombe glorieuse.

Au milieu des épreuves qui accablent le pays et m'accablent moi-même, je garde au commandant Franchetti un souvenir fidèle, et je vous prie d'agréer, Madame, l'hommage de mes sympathies les plus respectueuses.

Signé : GÉNÉRAL TROCHU.

Paris, le 7 Février 1871.

A Madame veuve Léon Franchetti.

Madame,

Je n'ai pas l'honneur d'être connu de vous, mais un lien bien puissant nous rapproche !

J'avais une petite place dans le cœur de votre excellent et généreux mari ; je ne l'oublierai jamais.

Parmi tant de vaillants semés sur le sillon sanglant que j'ai tracé pendant cette terrible lutte, il n'en est aucun dont le souvenir me soit plus cher que celui de notre jeune et glorieux Franchetti !

A ce titre, permettez-moi de vous offrir l'expression de ma vive et bien sincère sympathie et de me dire, Madame,

Votre très dévoué et très respectueux serviteur,

GÉNÉRAL A. DUCROT.

Paris, 6 Février 1871

FUNÉRAILLES DU COMMANDANT FRANCHETTI

(*Extrait du* Figaro.)

—

Les obsèques du commandant Franchetti ont eu lieu cet après-midi.

On remarquait derrière le char le commandant Favrot, représentant le général Ducrot, commandant délégué de l'escadron, le marquis du Lau, représentant le général Le Flô, M. de Beaumont, représentant le général Trochu, et le colonel Quiclet, commandant la légion de la garde nationale à cheval.

Parmi l'assistance, on remarquait MM. le général Ribourt, le général de Chabaud-Latour, le général commandant du fort de Vincennes, Jules Favre, Jules Ferry, Dupuy de Lôme, Vitu, Henri Rochefort, Meissonnier, Perignon, Th. Gautier, V. Sardou, H. de Villemessant, Emile Blavet, Robert Milton, le commandant Duperrier, Gustave et Alphonse de Rothschild, Isaac Pereire, le docteur Chenu, l'amiral du Quilio, le baron du Bourdieu, représentant le général Favé, le colonel Montaigu, presque tous les officiers d'état-major, le personnel des ambulances de l'Internationale, de la Presse, etc. M. Bibesco, aide de camp du général Trochu, très lié avec Franchetti, retenu à Vincennes par ses fonctions, était représenté par la duchesse d'Elchingen, sa belle-mère, qui suivait le deuil.

*
* *

Un peloton d'éclaireurs ouvrait la marche; un autre la fermait et précédait un détachement de plusieurs escadrons de la garde nationale à cheval. Le cortége s'est rendu au cimetière Montmartre par la ligne des boulevards.

Avant de pénétrer dans la partie du cimetière réservée aux Israélites, le grand rabbin de Paris, M. Zaddoc-Kahn, a prononcé une courte allocution; puis, sur la tombe, le grand rabbin de France, M. Isidore, a fait, en termes très éloquents et très émus, une véritable oraison funèbre du défunt; ensuite, M. Benoît-Champy, capitaine de l'escadron, s'est avancé vers la tombe, et dirigeant la pointe de son épée vers la pierre tumulaire qui venait de recouvrir les restes de son chef regretté, a dit ces quelques mots d'une voix entrecoupée de larmes :

« Commandant Franchetti, vos éclaireurs,

vos énfants, comme vous le disiez, vous font par ma voix leurs derniers adieux.

» Dormez en paix, mon cher commandant, tous vous jurent de demeurer à leur poste, de rester fidèles à ces traditions d'honneur et de discipline dont vous étiez un si noble exemple, et qui sont dans ces jours de malheur la suprême consolation des hommes de cœur.

» Adieu, mon commandant; je vous le jure, l'escadron Franchetti se montrera digne de votre nom. »

*
* *

Le meilleur éloge qu'on puisse faire du commandant Franchetti se lisait dans les yeux de ses soldats, dont il s'était fait aimer par la douceur de son caractère et la simplicité de son courage dépouillé de forfanterie.

Tous le pleuraient.

Le matin, à l'ambulance, dans la partie où sont logés les blessés prussiens, on avait parlé de la mort de Franchetti; l'un d'eux alors s'était levé sur son séant et avait dit :

« Oh oui! Franchetti, c'est une grande perte pour les Français, c'était un brave. Nous l'avons vu souvent aux avant-postes, du côté de Bezons! »

*
* *

Ainsi mis à l'ordre du jour par ses ennemis

eux-mêmes, Franchetti est mort comme il avait combattu, en soldat.

Lorsqu'il tomba mortellement frappé devant Villiers, Franchetti fut presque aussitôt visité par les généraux Trochu et Ducrot. Le premier lui dit : « Mon cher Franchetti, nous perdons en vous un de nos meilleurs officiers, mais cette perte ne peut être de longue durée. Guérissez, revenez dans nos rangs, et nous vous honorerons comme vous le méritez. »

Le général Ducrot lui parla en termes non moins fraternels et l'engagea à se remettre entre les mains de son médecin, M. Sarrazin.

www.ingramcontent.com/pod-product-compliance
Lightning Source LLC
Chambersburg PA
CBHW070857280326
41934CB00008B/1481